Glücks-Momente backen

SARAH ZAHN

auch nur

GLÜCKSMOMENTE

Wir verbinden mit glücklichen Momenten meist besondere Menschen, Orte, Düfte oder Geschmacksaromen. Ihr Zusammenwirken hinterlässt Spuren in unserem Gedächtnis. Diese Glücksmomente entstehen oft bei kleinen Anlässen – dem Frühstück mit dem Herzensmensch, dem Kaffeeklatsch mit der Familie oder der spontanen Party mit Freunden. Für diese Momente, die uns glücklich machen oder uns berühren, wollen wir besondere Leckereien backen: vom einfachen Rührkuchen über frisch gebackene Waffeln bis hin zu ausgefallenen Torten. Für alle Liebhaber süßer Speisen ist eine Köstlichkeit dabei, die zum Nachmachen inspiriert. Das Leben in vollen Zügen genießen heißt auch, gemeinsam zu schlemmen, sich zu verwöhnen, füreinander da zu sein und miteinander zu feiern. Nimm die Anlässe, die dir das Leben bietet, und mache sie zu süßen Glücksmomenten.

Deine

Sarah Zahn

INHALT

Für mich

Für dich

Für uns

VORLAGEN-DOWNLOAD

Die Vorlagen für die Caketopper, Banderolen und Girlanden in diesem Buch stehen in der Digitalen Bibliothek unter **www.topp-kreativ.de/digibib** nach erfolgter Registrierung zum Ausdrucken bereit. Den Freischaltcode findet ihr im Impressum.

Für mich

Jahreszeit, Tageszeit, Arbeitszeit, Lebenszeit, Familienzeit oder Zeit zu zweit: Die Zeit hat einen großen Einfluss auf die Gefühle, die sich in uns entfalten. Jedes Gefühl besteht genauso wie jedes Rezept aus dem komplexen Zusammenspiel verschiedener Zutaten. Die Kunst ist, das Verschiedene in die richtige Balance zu bringen und Harmonie zu kreieren. In diesem Kapitel nimmst du dir Zeit für kulinarische Heiterkeit.

Double Chocolate Muffins

Was kann einen Regentag besser aufhellen als saftige Schokoladen-Muffins? Während es draußen prasselt, machen wir unser Zuhause bunt und fröhlich. Der weiße Schokokern sorgt für eine Extraportion Glücksgefühle.

Einen Regentag aufhellen

Für 12 Stück

Für den Teig
90 g Butter
200 g Zartbitterschokolade
90 g Kakaopulver
2 Eier (Größe M)
180 g brauner Zucker
2 EL Vanillezucker
260 ml Milch
290 g Mehl
1 TL Backpulver
1 TL Natron
1 Msp. Salz
100 g weiße Schokolade

Für die Glasur
100 g weiße Schokolade
1 EL Pflanzenöl

Außerdem
2 EL bunte Zuckerstreusel

1 Den Backofen auf 200 °C Ober- und Unterhitze vorheizen. Für den Teig Butter und 100 g Zartbitterschokolade in einem kleinen Topf schmelzen und den Kakao einrühren. Die Eier mit dem braunen Zucker und dem Vanillezucker in einer Schüssel schaumig aufschlagen. Die Schoko-Butter-Masse sowie die Milch in die Eiermasse rühren. Anschließend Mehl, Backpulver, Natron und Salz in einer Schüssel vermengen und unterheben. Die restliche Zartbitterschokolade grob hacken und ebenfalls unterrühren.

2 Den Teig auf zwölf Muffin-Papierformen verteilen. Einmal gegen den Boden der Formen klopfen, um große Luftblasen im Teig zu vermeiden. Die weiße Schokolade in zwölf gleich große Stücke schneiden und jeweils ein Stück auf einen Muffin geben. 18-22 Minuten backen. Auskühlen lassen.

3 Für die Glasur die Schokolade über dem heißen Wasserbad schmelzen und das Pflanzenöl einrühren. Die Muffins mit der Glasur beträufeln und mit Streuseln bestreuen.

Regen
ist doch
auch nur
Konfetti

Piñata-Kuchen
MIT SCHOKOLINSEN

Noch einmal Kind sein und einfach buntes Konfetti werfen. Wünschen wir uns das nicht alle? Der Kuchen mit buntem Überraschungseffekt beim Anschneiden weckt sicher auch das Kind in dir.

Das Kind in dir entdecken

10

Für 12 Stücke

Für den Teig
350 g Butter plus etwas für die Formen
250 g Zucker
1 EL Vanillezucker
6 Eier (Größe M)
350 g Mehl
2 TL Backpulver
1 Msp. Salz

Für das Frosting
200 g Sahne, kalt
200 g Puderzucker
1 Päckchen Sahnesteif
Mark von 1 Vanilleschote
400 g Frischkäse (Doppelrahmstufe), kalt

Außerdem
300 g bunte Schokolinsen

1 Den Backofen auf 170 °C Ober- und Unterhitze vorheizen. Die Butter in einer Schüssel cremig rühren. Zucker und Vanillezucker hinzufügen und alles kurz luftig aufschlagen. Die Eier nach und nach unterrühren. Mehl, Backpulver und Salz mischen und unterrühren. Den Teig auf zwei gefettete Springformen (ø 20 cm) verteilen und 30–40 Minuten backen. Auskühlen lassen.

2 Für das Frosting die Sahne mit Puderzucker, Sahnesteif und Vanillemark in einer Schüssel steif schlagen. Den Frischkäse esslöffelweise zugeben und die Masse luftig und fest aufschlagen. Ein Drittel der Creme in einen Spritzbeutel mit Sterntülle füllen und kalt stellen.

3 Die Böden mit einem scharfen Messer waagerecht halbieren. Bei zwei Böden die Mitte mit einem Trinkglas (ø 8 cm) ausstechen. Um einen der ganzen Böden einen Tortenring legen. Den Boden mit 2–3 EL Frosting bestreichen. Einen Boden mit Loch daraufsetzen und mit 2 EL Frosting bestreichen. Den zweiten Boden mit Loch aufsetzen.

4 Den Kuchen in der Mitte randvoll mit Schokolinsen füllen, die restlichen beiseitestellen. Den oberen Boden mit Frosting bestreichen und den letzten Boden auflegen. Den Kuchen rundherum mit Frosting bestreichen und eine Stunde kalt stellen.

5 Die Tortenränder mit einer Palette glatt streichen und mit dem Spritzbeutel verzieren. Mit den restlichen Schokolinsen dekorieren.

TIPP
Du kannst den Kuchen auch mit kleinen Knusperkugeln oder Zuckerherzen füllen.

Croissants mit Aprikosenfüllung

Nimmt dir Zeit und bereite diese buttrigen Hefecroissants zu. Sie sind wunderbar knusprig und warten mit einer fruchtigen Überraschung auf dich. Das perfekte Frühstücksglück.

Für Glücksgefühle am Morgen

Für 8 Stück

7 g Trockenhefe
40 g Zucker
275 ml Milch, lauwarm
500 g Mehl (Type 550) plus etwas zum Ausrollen
1 TL Salz
275 g Butter
5 Aprikosen, entsteint
40 g brauner Zucker
1 Eigelb (Größe M)
1 EL Milch

1 Für den Teig am Vorabend Hefe und Zucker in einer Schüssel mit der lauwarmen Milch verrühren. Abgedeckt 10 Minuten ruhen lassen. Mehl, Salz und 50 g Butter verrühren und mit der Hefemilch zu einem glatten Teig verkneten. Abgedeckt zwei Stunden kalt stellen. Die restliche Butter zwischen zwei Streifen Backpapier zu einem Rechteck (20 cm x 15 cm) ausrollen und kalt stellen.

2 Den Teig zu einem Rechteck (25 cm x 35 cm) ausrollen. Die Butter auf eine Teighälfte legen, die andere Hälfte darüber klappen und rundherum andrücken. Auf die ursprüngliche Größe ausrollen. Die beiden kurzen Seiten zur Mitte klappen, dann die Hälften wie ein Buch zusammenlegen, sodass vier Schichten übereinanderliegen. 30 Minuten kalt stellen. Erneut ausrollen und übereinanderlegen. Über Nacht abgedeckt kalt stellen.

3 Am nächsten Tag die Aprikosen achteln. Den Teig erneut wie oben ausrollen und übereinanderlegen. Anschließend zu einem ca. 60 cm x 15 cm großen Rechteck ausrollen und in 8-10 Dreiecke schneiden. Auf die langen Dreiecksseiten je 2-3 Aprikosenscheiben legen und mit braunem Zucker bestreuen. Zum Croissant zusammenrollen. Auf ein mit Backpapier ausgelegtes Backblech legen und 30 Minuten ruhen lassen. Eigelb und Milch verquirlen und Croissants damit einpinseln.

4 Den Backofen auf 220 °C Ober- und Unterhitze vorheizen. Die Croissants 10 Minuten backen, die Temperatur auf 150 °C reduzieren und nochmals 5-10 Minuten goldbraun backen.

have a
wonderful
morning

Piña-Colada-Dessert

Mit diesem Dessert holst du dir den Geschmack von Urlaub in dein Zuhause. Die Aromen von Kokos und Ananas erinnern an wärmende Sonne, weichen Sandstrand und exotische Cocktails.

In Urlaubs-stimmung kommen

Für 8 Gläser (à 200 ml Inhalt)

Für die Creme
400 ml Kokosmilch
4 Eigelb (Größe M)
180 g Zucker
30 g Speisestärke
30 g Mehl
Mark von 1 Vanilleschote
300 g Sahne
1 EL Puderzucker

Für das Kompott
300 g Ananas, geschält und vom Strunk befreit
100 ml Maracujasaft
50 g Zucker
1 TL Speisestärke
4 EL kaltes Wasser
3 EL weißer Rum (optional)

Außerdem
3 EL Kokosraspel

1 Für die Creme 50 ml Kokosmilch, Eigelbe, Zucker, Speisestärke, Mehl und Vanillemark in einer Schüssel verquirlen. 350 ml Kokosmilch in einem Topf aufkochen. Die kochende Milch vom Herd nehmen und unter ständigem Rühren die Eigelbmischung einrühren. Die Masse unter Rühren erneut erhitzen, bis sie stark eindickt. Mit Frischhaltefolie bedecken, damit sich keine Haut bildet, und auskühlen lassen.

2 Die Sahne mit Puderzucker steif schlagen. Ein Drittel in einen Spritzbeutel mit Sterntülle füllen und kalt stellen. Zu der restlichen Sahne unter Rühren die Kokosmasse geben und gut vermengen. In einen Spritzbeutel mit großer Lochtülle füllen und kalt stellen.

3 Für das Kompott 100 g Ananas pürieren und mit Maracujasaft und Zucker in einem Topf aufkochen. Speisestärke mit Wasser glatt rühren, in die kochende Flüssigkeit geben und weiter rühren, bis die Masse eindickt. Nach Wunsch Rum unterrühren. Die restliche Ananas in Stücke schneiden. Acht Stücke für die Dekoration beiseitestellen, die restlichen in das Kompott geben.

4 Etwas Kokoscreme in die Gläser füllen und mit etwas Kompott bedecken. Den Schritt wiederholen, bis die Gläser fast gefüllt sind. Zum Schluss mit Schlagsahne und Kokosraspeln dekorieren. Die restlichen Ananasstücke auf kleine Cocktailschirmchen spießen und die Gläser damit dekorieren. Kalt servieren.

TIPP

Das Dessert schmeckt auch eiskalt serviert lecker. Dazu die gefüllten Gläser ins Gefrierfach stellen und einige Minuten vor dem Servieren antauen lassen.

Donauwelle-Gugelhupf

Zum Einstand in den neuen Job geht nichts über einen Klassiker. Bei diesem Rezept treffen gleich zwei Lieblinge aufeinander: Donauwelle und Marmorkuchen. Die neuen Kollegen werden es lieben.

1 Für die Creme 150 ml Milch in einem Topf bei hoher Temperatur erhitzen. Die restliche Milch in einer Schüssel mit Eigelb, Zucker, Vanillemark, Speisestärke und Mehl vermengen. Die Eigelb-Milch-Mischung in die warme Milch rühren, bis diese eindickt. Mit Frischhaltefolie bedecken, damit sich keine Haut bildet. Beiseitestellen.

2 Den Backofen auf 170 °C Ober- und Unterhitze vorheizen. Eine Gugelhupfform (2,5 l) fetten und leicht mehlen. Für den Teig Butter und 200 g Zucker schaumig schlagen. Die Eier nach und nach unterrühren. Mehl, Backpulver und Salz mischen und im Wechsel mit 200 ml Milch in den Teig rühren. Zwei Drittel des Teigs beiseitestellen. Den restlichen Teig mit Kakao, dem restlichen Zucker und der restlichen Milch verrühren.

3 Die Hälfte des hellen Teigs in die Backform geben. Die Hälfte des dunklen Teigs auf den hellen Teig geben und glatt streichen. Mit einem Esslöffel eine Kuhle im Teig formen, sodass die Ränder der Backform mit Teig bedeckt sind. Die Creme in die Kuhle geben und die Kirschen darauf verteilen. Mit dem restlichen dunklen Teig und anschließend mit dem restlichen hellen Teig bedecken. 60–70 Minuten backen. Auskühlen lassen und danach auf ein Kuchengitter stürzen.

4 Für den Guss die Schokolade über dem heißen Wasserbad schmelzen. Vanillezucker und Pflanzenöl unterrühren. Den Guss über den Kuchen geben und den Gugelhupf mit Sauerkirschen dekorieren.

Für 20 Stücke

Für die Creme
200 ml Milch
2 Eigelb (Größe M)
50 g Zucker
Mark von 1 Vanilleschote
30 g Speisestärke
10 g Mehl

Für den Teig:
250 g Butter plus etwas für die Form
230 g Zucker
5 Eier (Größe M)
380 g Mehl plus etwas für die Form
2 TL Backpulver
1 Msp. Salz
230 ml Milch
40 g Kakaopulver
400 g Sauerkirschen, entsteint (TK oder Glas)

Für den Guss
100 g Zartbitterschokolade
1 EL Vanillezucker
2 EL Pflanzenöl

Außerdem
5–8 Sauerkirschen zum Verzieren

Einhorn-Cupcakes

Wenn du eine Auszeit vom Alltag brauchst, kreiere dir deine rosarote Einhornwelt. Fruchtige Johannisbeer-Cupcakes mit verführerischer Creme machen einfach gute Laune.

Für 24 Stück

Für den Teig
4 Eier (Größe M)
250 g Zucker
1 EL Vanillezucker
200 ml Milch
300 g Mehl
2 TL Backpulver
1 Msp. Salz
1 EL Butter, geschmolzen und abgekühlt
100 g Johannisbeeren

Für die Creme
200 g Johannisbeeren
1 EL Zitronensaft
1 TL Speisestärke
3 EL kaltes Wasser
5 Eiweiß (Größe M)
270 g Zucker
300 g Butter, zimmerwarm

Außerdem
Je 25 g Fondant in Rosa und Weiß
Zuckerdekor nach Wunsch

1 Den Backofen auf 180 °C Ober- und Unterhitze vorheizen. Ein Muffinblech (24 Mulden) mit Papierformen auslegen. Die Johannisbeeren waschen und von den Rispen abstreifen. Für den Teig Eier, Zucker und Vanillezucker in einer Schüssel schaumig schlagen. Die Milch einrühren. Das Mehl sieben und mit Backpulver und Salz unter die Masse heben. Den Teig in die Formen füllen und mit den Johannisbeeren belegen. Die Cupcakes 20–25 Minuten backen. Auskühlen lassen.

2 Für die Creme die Johannisbeeren in einem Topf mit Zitronensaft aufkochen. Pürieren und nochmals aufkochen. Die Speisestärke mit Wasser glatt rühren und in das Johannisbeerpüree rühren, bis die Masse eindickt. Beiseitestellen. Die Eiweiße mit dem Zucker über dem heißen Wasserbad verquirlen, bis der Zucker geschmolzen ist. Abkühlen lassen.

3 Die Eiweißmasse in einer Schüssel steif schlagen. Auf niedrigster Stufe weiterrühren, dabei die Butter esslöffelweise zugeben. Die Masse sieht zunächst etwas zerronnen aus, wird nach ausreichend Rühren aber zu einer homogenen Creme. Zum Schluss das Johannisbeerpüree unterrühren. Die Creme in einen Spritzbeutel mit Sterntülle füllen und die Cupcakes damit verzieren. Aus rotem und weißem Fondant Zuckerstangen oder Einhörner formen und die Cupcakes damit dekorieren.

Mission:
Einhorn
satteln

Schoko-Marshmallow-Torte

Nicht nur bei Liebeskummer wirkt diese Torte mit ihrer Extraportion Schokolade wahre Wunder. Jede schlechte Stimmung macht sofort einem warmen Wohlgefühl Platz.

Gegen Liebeskummer

Für 12 Stücke

Für den Teig
350 ml Milch
2 EL Vanillezucker
40 g Kakaopulver
120 g Butter, weich, plus etwas für die Formen
280 g Zucker
3 Eier (Größe M)
350 g Mehl
1 Päckchen Backpulver
1 Msp. Salz

Für die Creme
200 ml Milch
80 g Kakaopulver
100 g Zartbitterschokolade
100 g Zucker
4 Eigelb (Größe M)
40 g Speisestärke
300 g Sahne
1 Päckchen Sahnesteif

Für die Sauce
200 g Sahne
1 EL Vanillezucker
3 EL Kakaopulver
100 g Zartbitterschokolade
1 EL Butter, weich

Außerdem
50 g Marshmallows

1 Den Backofen auf 170 °C Umluft vorheizen. Für den Teig Milch, Vanillezucker und Kakaopulver in einem Topf verrühren und bei mittlerer Temperatur erwärmen. Beiseitestellen. Butter und Zucker in einer Schüssel schaumig schlagen. Die Eier nach und nach einrühren. Mehl, Backpulver und Salz mischen und im Wechsel mit der Kakaomilch unterrühren. Drei Springformen (ø 20 cm) fetten und den Teig darauf verteilen. 30–35 Minuten backen. Auskühlen lassen.

2 Für die Creme 150 ml Milch, Kakao, Schokolade und Zucker in einem Topf bei mittlerer Hitze erwärmen. Die restliche Milch in einer Schüssel mit den Eigelben und der Speisestärke verquirlen und in die Schokomilch einrühren, bis die Masse eindickt. Mit Frischhaltefolie bedecken, damit sich keine Haut bildet, und auskühlen lassen. Sahne mit Sahnesteif steif schlagen, dabei die Schokomasse esslöffelweise zugeben.

3 Einen Tortenring um einen Boden legen. Mit einem Viertel der Schokocreme bestreichen. Den zweiten Boden auflegen und mit Schokocreme bestreichen. Den dritten Boden auflegen und die Torte 30 Minuten kalt stellen. Den Tortenring vorsichtig entfernen. Mit der restlichen Schokocreme rundherum bestreichen. 30 Minuten kalt stellen.

4 Für die Sauce Sahne, Vanillezucker, Kakao und Schokolade in einem Topf bei mittlerer Temperatur erwärmen, bis die Schokolade geschmolzen ist. Butter einrühren und leicht abkühlen lassen. Die Sauce über die Torte geben. Mit Marshmallows verzieren.

TIPP
Eine heiße Schokolade aus zwei bis drei Marsh-mallows, 50 g dunkler Schokolade und 200 ml Milch rundet den Schokogenuss ab.

Kürbis-Pie mit Zimtcreme

Das wunderschöne Orange der Kürbis-Pie läutet den Herbst ein. Heiße die bunte Jahreszeit mit den Aromen von Zimt, Ingwer, Vanille und Nelken würzig und saisonal willkommen.

Für 12 Stücke

Für das Pumpkin-Spice-Gewürz
3 EL gemahlener Zimt
1 EL gemahlener Ingwer
1 TL gemahlene Muskatblüte
1 TL gemahlene Muskatnuss
½ TL gemahlene Vanille
1 Msp. gemahlene Nelken
½ TL gemahlener Piment

Für den Teig
90 g Butter plus etwas für die Form
220 g Mehl plus etwas für die Arbeitsfläche
50 g brauner Zucker
1 Msp. Salz
1–2 EL Crème fraîche

Für die Füllung
1 Hokkaido-Kürbis (ca. 600 g)
3 Eier (Größe M)
280 g brauner Zucker
160 g Butter, weich
1 TL Zimt
2 EL Pumpkin-Spice-Gewürz (siehe oben)
150 g Sahne
2 EL Mehl

Für die Zimtcreme
200 g Sahne
2 EL Puderzucker
1 EL Vanillezucker
2 TL Zimt

1 Für das Pumpkin-Spice-Gewürz alle Zutaten vermengen. In ein Glas füllen und luftdicht verschließen.

2 Den Backofen auf 200 °C Ober- und Unterhitze vorheizen. Für die Füllung den Kürbis vierteln und entkernen. Die Viertel auf ein mit Backpapier ausgelegtes Blech legen und im Ofen 25–30 Minuten backen, bis das Kürbisfleisch weich ist. Die Kürbisstücke in einem hohen Gefäß fein pürieren. Beiseitestellen.

3 Für den Teig Butter, Mehl, Zucker und Salz krümelig verrühren. Die Crème fraîche zugeben und zu einem nicht zu klebrigen Teig verkneten. Auf der bemehlten Arbeitsfläche rund ausrollen. Eine Pie-Form (ø 24 cm) leicht fetten und mit dem Teig auslegen. Den Rand gut andrücken. Kalt stellen.

4 Für die Füllung die Eier mit dem Zucker schaumig schlagen. Butter und Kürbispüree vermengen und mit den Gewürzen, Sahne und Mehl unter die Eimischung rühren. Auf dem Teigboden verteilen. Die Backofentemperatur auf 180 °C Ober- und Unterhitze reduzieren und die Pie 40–45 Minuten goldbraun backen. Auskühlen lassen.

5 Für die Zimtcreme Sahne, Puderzucker, Vanillezucker und 1 TL Zimt aufschlagen. Vor dem Servieren auf die Pie geben. Mit dem restlichen Zimt bestreuen.

TIPP
Das Pumpkin-Spice-Gewürz schmeckt auch im Kaffee oder im Kakao und verfeinert Käsekuchen genauso wie Vanillesauce.

Mini-Gugel mit Brause

Wenn dein Tag noch keine Prickelgefühle in dir ausgelöst hat, machen dir diese Mini-Gugel mit süßem Orangenaroma gute Laune. Und ganz fix gebacken sind sie obendrein.

Für prickelnde Laune

Für 18 Stück

Für den Teig
40 g Butter plus etwas für die Formen
60 g Zucker
Abrieb von 1 Bio-Zitrone
1 Ei (Größe M)
70 ml Orangenlimonade
80 g Mehl
½ TL Backpulver
1 Msp. Salz

Für den Guss
80 g Puderzucker
1 EL Orangenlimonade

1 Den Backofen auf 180 °C Umluft vorheizen. Die Mini-Gugel-Formen (ø 4 cm) fetten.

2 Butter und Zucker schaumig aufschlagen. Zitronenabrieb zugeben. Das Ei hinzufügen und weiter schlagen. Zum Schluss Orangenlimonade, Mehl, Backpulver und Salz zugeben und zu einem glatten Teig verrühren.

3 Den Teig in einen Spritzbeutel mit Lochtülle füllen und gleichmäßig auf die Mini-Gugel-Formen verteilen. 15–18 Minuten backen. Auskühlen lassen.

4 Für den Guss den Puderzucker sieben und mit der Limonade verrühren. Den Guss über die Mini-Gugel geben.

Ahoi!

Knusprige Himbeer-Tarte

Wenn Himbeeren auf Vanillecreme und Mandelstreusel treffen, muss es Liebe sein! Belohne dich selbst mit dieser einfachen Tarte. Boden und Streusel werden aus einem Teig gemacht – lecker!

Um dich zu belohnen

26

Für 12 Stücke

Für die Füllung
250 ml Milch
250 g Sahne
4 Eigelb (Größe M)
120 g Zucker
Mark von 1 Vanilleschote
40 g Speisestärke
20 g Mehl

Für den Teig und die Streusel
150 g Mehl
100 g gemahlene Mandeln
90 g Zucker
130 g Butter plus etwas für die Form
150 g gehackte Mandeln

Außerdem
250 g Himbeeren
1 EL Puderzucker

1 Für die Füllung 200 ml Milch und die Sahne in einem Topf aufkochen. In der Zwischenzeit die restliche Milch mit Eigelben, Zucker, Vanillemark, Speisestärke und Mehl in einer Schüssel verrühren. Sobald die Sahne-Milch-Mischung kocht, den Topf vom Herd nehmen und die Eigelbmasse unter Rühren hinzufügen. Den Topf erneut auf die Kochplatte stellen und die Masse unter Rühren aufkochen, bis die Creme eindickt. Mit Frischhaltefolie bedecken, damit sich keine Haut bildet, und beiseitestellen.

2 Den Backofen auf 180 °C Ober- und Unterhitze vorheizen. Für den Teig Mehl, gemahlene Mandeln, Zucker und Butter verkneten. Eine Tarte-Form (ø 26 cm) fetten. Drei Viertel des Teigs in die Form geben und mit den Händen am Boden und den Rändern andrücken. Die Creme umrühren und auf den Boden geben. Die Himbeeren auf der Creme verteilen.

3 Die gehackten Mandeln mit dem restlichen Teig verkneten und die Masse als Streusel auf den Himbeeren verteilen. Den Kuchen 30–40 Minuten goldbraun backen. 60 Minuten abkühlen lassen, mit Puderzucker bestreuen und servieren.

Cookies & Cream Schokokuchen

Dieser Schokoladentraum vom Blech beschert jedem Spontanbesuch kulinarische Glücksmomente. Serviert mit cremiger Schokosahne lässt er die Gäste dahinschmelzen.

Für spontane Glücksmomente

Für die Schokosahne
400 g Sahne
100 g Vollmilchschokolade
1 EL Kakaopulver
1 Päckchen Sahnesteif
1 EL Vanillezucker
50 g Schoko-Doppelkekse mit Vanillecreme

Für den Teig
180 g Butter
90 g Zartbitter- oder Vollmilchschokolade
80 g Kakaopulver
150 ml Milch
150 g brauner Zucker
100 g Zucker
3 Eier (Größe M)
180 g saure Sahne
300 g Mehl
2 TL Natron
1 Msp. Salz
Mark von 1 Vanilleschote
130 g Schoko-Doppelkekse mit Vanillecreme

Außerdem
2 EL bunte Zuckerstreusel

1 Für die Schokosahne 200 g Sahne, Schokolade und Kakaopulver in einem kleinen Topf erhitzen, bis die Schokolade geschmolzen ist. In eine Schüssel geben, abdecken und kalt stellen.

2 Den Backofen auf 180 °C Ober- und Unterhitze vorheizen. Für den Teig Butter und Schokolade in einem kleinen Topf schmelzen, den Kakao einrühren. Milch und Zucker zugeben und gut verrühren. Die Eier in einer Schüssel schaumig aufschlagen und die saure Sahne unterrühren. Mehl, Natron und Salz in einer Schale mischen. Die flüssige Schokomasse mit dem Vanillemark in die Eiermischung rühren. Zum Schluss das Mehlgemisch unterheben. Den Teig auf ein mit Backpapier ausgelegtes Blech (42 cm x 29 cm) geben und die Kekse darauf verteilen. 25-30 Minuten backen. Auskühlen lassen.

3 Für die Schokosahne die restliche Sahne mit Sahnesteif und Vanillezucker steif schlagen und nach und nach die Schoko-Sahne-Masse einrühren. 2-3 Minuten steif schlagen. Die Kekse im Mixer fein zerkleinern und unter die Creme heben. Die Schokosahne in einen Spritzbeutel mit Sterntülle geben. Den Kuchen in 20 Stücke schneiden. Mit der Schokosahne und Streuseln dekorieren. Kalt servieren.

TIPP
Den Kuchen kannst du gut am Vortag vorbereiten. Die Streusel dann jedoch erst direkt vor dem Servieren auf den Kuchen streuen.

TIPP
Für einen süß-wärmenden Winterauflauf die Äpfel würfeln, mit der Masse in eine Auflaufform geben und wie beschrieben backen.

Gegen den Winterblues

Cheesecake im Bratapfel

Wenn es draußen kalt wird, zieht es uns an den heimischen Backofen. Die Bratäpfel mit Cheesecake-Füllung sind wie eine wärmende Kuscheldecke gegen den Winterblues.

Für 6 Portionen

Für die Bratäpfel
6 mittelgroße Äpfel (z. B. Boskoop)
1 EL Butter, weich
300 g Frischkäse (Doppelrahmstufe)
80 g Zucker
1 Ei (Größe M)
1 EL Zimt
30 g Speisestärke

Für die Karamellsauce
200 g Zucker
50 ml Wasser
80 g Sahne
30 g Butter

Für die Zimtsahne
100 g Sahne
1 EL Puderzucker
1 TL Zimt

Außerdem
50 g gemahlene Mandeln
1 TL brauner Zucker

1 Den Backofen auf 160 °C Ober- und Unterhitze vorheizen. Die Äpfel waschen, großzügig vom Kerngehäuse befreien und mit Butter rundherum einreiben. In eine Auflaufform oder auf ein Backblech setzen. Den Frischkäse in einer Schüssel cremig rühren. Zucker, Ei, 1 TL Zimt und Speisestärke zugeben und glatt rühren. Die Creme in die Äpfel füllen. 15-20 Minuten backen.

2 Für die Karamellsauce Zucker und Wasser in einem Topf erhitzen und goldbraun karamellisieren lassen. Sahne und Butter vorsichtig zugeben und alles gut verrühren. 1-2 Minuten köcheln lassen. Vom Herd nehmen und beiseitestellen.

3 Für die Zimtsahne Sahne mit Puderzucker und Zimt leicht aufschlagen. Gemahlene Mandeln, braunen Zucker und den restlichen Zimt vermischen. Die Bratäpfel mit der Mandelmasse bestreuen und mit Sahne sowie Karamellsauce servieren.

Fruchtige French Toast Cups

Als Frühstückssnack, für den kleinen Heißhunger oder zum Naschen zwischendurch: Es gibt viele Anlässe, um diese French Toast Cups mit süß-cremiger Beeren- und Joghurtfüllung zu genießen. Bon Appétit!

Für den kleinen Heißhunger

Für 12 Stück

50 g Blaubeeren
50 g Johannisbeeren
4 Eier (Größe M)
30 ml Milch
50 g brauner Zucker
60 g Naturjoghurt (3,8 % Fett)
2 EL Mehl
2 EL weiche Butter
für die Formen
12 Scheiben (Vollkorn-)Toast

Außerdem
50 ml Ahornsirup

1 Den Backofen auf 170 °C Ober- und Unterhitze vorheizen. Die Beeren waschen, die Johannisbeeren von den Rispen abstreifen. 3 Eier, Milch und 20 g braunen Zucker in einem tiefen Teller verquirlen. Das vierte Ei, Joghurt, den restlichen Zucker und Mehl in einer zweiten Schüssel verrühren.

2 Ein Muffinblech (12 Mulden) fetten. Die Toastscheiben von beiden Seiten durch die Ei-Milch-Mischung ziehen und in die Formen drücken. Jeweils 1 EL Joghurtmischung in die Toastmulde füllen und einige Beeren darauf geben. 15 Minuten goldbraun backen. Mit einem Esslöffel aus der Form lösen und mit Ahornsirup servieren.

Für dich

Wirklich zuhören, aufeinander Acht geben, sich unterstützen und in den Arm nehmen – was wären wir ohne all die inspirierenden Menschen, die gemeinsam mit uns durchs Leben gehen? Mache jenen besonderen Menschen, die dich glücklich machen, mit süßen Glücksmomenten eine Freude.

Glücks
MOMENT

TIPP
Anstatt sechs Tartelettes kannst du auch eine große Tarte (ø 24 cm) backen.

Schoko-Tartelettes mit Salzkaramellkern

Diese Tartelettes halten eine köstliche Überraschung bereit. Von außen eine sündig-süße Versuchung, sorgt die Salzkaramell-Schicht im Inneren für ein pikantes Geschmacksfeuerwerk am Gaumen.

Eine kleine Überraschung verschenken

Für 6 Stück

Für den Boden
180 g Mehl plus etwas für die Arbeitsfläche
20 g Kakaopulver
100 g Butter plus etwas für die Formen
50 g Puderzucker
1 Msp. Salz
1 Eigelb (Größe M)

Für die Füllung
300 g brauner Zucker
3 EL Wasser
75 g Butter
1 TL Fleur de Sel
50 g Sahne
50 g Crème fraîche

Für den Guss
250 g Sahne
160 g Zartbitterschokolade
30 g brauner Zucker
30 g Butter

Außerdem
1 TL Fleur de Sel

1 Den Backofen auf 170 °C Ober- und Unterhitze vorheizen. Mehl, Kakao, Butter, Puderzucker und Salz in einer Schüssel krümelig verrühren. Das Eigelb unterrühren. Sollte der Teig zu trocken sein, 1–2 EL kaltes Wasser zugeben. Den Teig kneten, in sechs gleich große Teile schneiden und diese auf der bemehlten Arbeitsfläche ausrollen. Sechs Tartelette-Formen (ø 10 cm) fetten. Den Teig in die Formen drücken und zehn Minuten mit Backlinsen blindbacken. Backlinsen und Backpapier entfernen und nochmals fünf Minuten backen. Aus dem Ofen nehmen und auskühlen lassen.

2 Für die Füllung braunen Zucker und Wasser in einem Topf bei mittlerer Temperatur erhitzen, bis der Zucker geschmolzen ist. Anschließend den Zucker bei hoher Temperatur karamellisieren. Butter, Salz und Sahne zufügen und aufkochen. Zum Schluss die Crème fraîche einrühren. Etwas Karamell auf einen flachen Teller geben und den Teller senkrecht halten. Fließt das Karamell zäh nach unten, ist es fest genug. Wenn nicht, weiter köcheln lassen. Das heiße Karamell auf die Böden verteilen und die Tartelettes beiseitestellen.

3 Für den Guss alle Zutaten in einem Topf bei niedriger Temperatur erwärmen, bis die Schokolade geschmolzen ist. Gut verrühren und den Guss auf die Tartelettes geben. Mindestens eine Stunde kalt stellen. Vor dem Servieren mit Fleur de Sel bestreuen.

Apple Pie mit Mandelkruste

Backe deinen Lieben eine Apple Pie, wenn es ihnen einmal nicht so gut geht. Mit Apfel, Zimt und Knusperteig werden sie bestimmt schnell wieder gesund.

TIPP
Anstelle des Teiggitters kannst du den Teig auch einfach ausrollen und auf die Pie legen. Den Rand gut andrücken und vor dem Backen mit einer Gabel Löcher in den Teig stechen.

Gute Besserung wünschen

Für 16 Stücke

Für den Boden
250 g Mehl
100 g gemahlene Mandeln
50 g Speisestärke
1 Msp. Salz
1 Msp. Backpulver
50 g Zucker
1 Prise Zimt
17 g Butter, kalt, plus etwas für die Form
1 TL Apfelessig
2 EL Naturjoghurt

Für die Füllung
5-7 saure Äpfel
40 ml Zitronensaft
150 g brauner Zucker
1 TL Zimt
1 Msp. gemahlene Nelken
1 Msp. Kardamom
50 g gemahlene Mandeln
2 TL Speisestärke
40 ml Milch

Außerdem
1 Eiweiß (Größe M)
1 EL Milch
25 g gemahlene Mandeln
½ TL Zimt
1 EL brauner Zucker

1 Mehl, Mandeln, Speisestärke, Salz, Backpulver, Zucker und Zimt in einer Schüssel mischen. Die kalte Butter würfeln und mit der Mehlmischung verrühren. Essig und Joghurt vermengen, zugeben und alles gut verkneten. Wenn der Teig zu klebrig ist, etwas Mehl hinzugeben. Den Teig in Frischhaltefolie wickeln und eine Stunde in den Kühlschrank oder 30 Minuten ins Gefrierfach stellen.

2 Für die Füllung die Äpfel schälen, vom Kerngehäuse befreien, vierteln und in dünne Scheiben schneiden. Mit Zitronensaft beträufeln. In einer Schüssel Zucker, Zimt, Nelken, Kardamom, Mandeln und Speisestärke mischen. Die Äpfel dazugeben. Alles gut verrühren.

3 Eine Pie-Form (ø 26 cm) fetten. Die Hälfte des Teigs ausrollen und in die Form drücken. Die Füllung in die Form geben, dabei ca. 1 cm Abstand zum Rand lassen. 40 ml Milch auf die Apfelfüllung gießen. Den restlichen Teig 2 mm dick ausrollen. Ca. 25 Streifen à 30 cm Länge und 0,5-1 cm Breite schneiden. Aus einem Teil der dünnen Streifen einen langen Zopf flechten. Die restlichen Streifen gitterförmig auf der Pie anordnen. Aus Teigresten Blätter formen. Den Teigzopf auf den Kuchenrand legen und mit den Blättern dekorieren. 30 Minuten kalt stellen.

4 Den Backofen auf 170 °C Ober- und Unterhitze vorheizen. Eiweiß und Milch verquirlen und Teiggeflecht, Zopf und Blätter damit bestreichen. Gemahlene Mandeln, Zimt und Zucker mischen und über den Kuchen streuen. Die Pie 30 Minuten backen, danach die Temperatur auf 150 °C reduzieren und weitere 15-20 Minuten goldbraun backen.

Quarkkuchen im GLAS

Mama eine Freude machen

Sie hat uns in den Schlaf gesungen, die Welt erklärt und den Lieblingskuchen gebacken. Sag deiner Mama Danke mit einem Gläschen voll Glück, das ihr miteinander teilt.

Für 6 Gläser (à 300 ml Inhalt)

150 g Vollkornbutterkekse
30 g Butter, weich
30 g brauner Zucker
200 g Sahne
200 g Zucker
Mark von 1 Vanilleschote
1 Msp. Zimt
Abrieb und Saft von 1 Bio-Zitrone
50 g Quark
400 g Blaubeeren
1 TL Speisestärke
2 EL Wasser

1 Die Kekse in einer Schüssel grob zerbröseln. Butter und braunen Zucker zugeben und gut vermengen. Die Masse auf sechs Gläser aufteilen.

2 Sahne und 150 g Zucker in einer Schüssel steif schlagen. Vanillemark, Zimt, Zitronenabrieb und Quark zugeben und zu einer glatten Creme verrühren.

3 Die Blaubeeren waschen. 200 g Blaubeeren, Zitronensaft und den restlichen Zucker in einem Topf aufkochen. Pürieren, durch ein Sieb streichen und erneut aufkochen. Die Speisestärke mit 2 EL Wasser glatt rühren und in die kochende Masse geben. Unter Rühren köcheln, bis die Masse eindickt. Die restlichen Blaubeeren zugeben.

4 Die Quarkcreme in einen Spritzbeutel mit Lochtülle geben und auf die Gläser verteilen. Alternativ kannst du sie auch mit einem Löffel einfüllen. Die Blaubeersauce darauf verteilen. Bis zum Servieren kalt stellen.

TIPP
Anstatt Beeren kannst du auch andere Früchte verwenden. Im Herbst und Winter eignen sich zum Beispiel Äpfel oder Pflaumen gut.

Blaubeer-Hefeschnecken

Manche sagen, das Kneten von Hefeteig sei wie Meditation. Genau das Richtige am Ende eines stressigen Arbeitstags. Der Genuss der fruchtigen Hefeschnecken entspannt auf jeden Fall!

Entspannung nach einem stressigen Arbeitstag

Für 8 Stück

Für den Teig
1 Päckchen Trockenhefe oder 20 g Frischhefe
150 ml Milch, lauwarm
80 g Zucker
380 g Mehl plus etwas für die Arbeitsfläche
1 Ei (Größe M)
80 g Butter, weich
1 Prise Salz
1 Eigelb (Größe M)
1 EL Milch

Für die Füllung
60 g Zucker
1 EL Vanillezucker
1 TL Zimt
50 g Butter, weich
300 g Blaubeeren

Für den Guss
2 EL Blaubeer- oder Zitronensaft
60 g Puderzucker
1 EL Frischkäse (Doppelrahmstufe)

1 Für den Teig die Hefe in einer Schüssel mit der lauwarmen Milch mischen. Zucker zugeben und alles gut verrühren. Abgedeckt zehn Minuten gehen lassen. Mehl, Ei, 60 g Butter und Salz zugeben und alles zu einem homogenen Teig verkneten. Den Teig mit 10 g Butter einreiben und abgedeckt 60 Minuten gehen lassen, bis er sich verdoppelt hat. Eine Auflaufform (ø 26 cm) mit der restlichen Butter fetten.

2 Für die Füllung Zucker, Vanillezucker und Zimt in einer Schale mischen. Den Teig auf der bemehlten Arbeitsfläche 5 mm dick zu einem Rechteck (40 cm x 25 cm) ausrollen. Mit Butter einstreichen und mit dem Zimtzucker bestreuen. Zum Schluss die Blaubeeren auf dem Teig verteilen.

3 Das Teigrechteck der Länge nach vorsichtig einrollen. In 3 cm dicke Scheiben schneiden. Die Schnecken in die Auflaufform legen, abdecken und 15 Minuten gehen lassen.

4 Den Backofen auf 170 °C Ober- und Unterhitze vorheizen. Eigelb und Milch verquirlen und die Schnecken damit einpinseln. 40–45 Minuten goldbraun backen. Auskühlen lassen. Für den Guss Blaubeer- oder Zitronensaft, Puderzucker und Frischkäse verrühren. Die Schnecken mit dem Guss beträufeln.

TIPP
Im Herbst kannst du die Schnecken mit entsteinten und halbierten Pflaumen füllen, im Frühling passt Rhabarber gut dazu. Dazu den Rhabarber vorher waschen, schälen und in Stücke schneiden und roh auf den Teig geben.

Mini-Berlinermuffins

Jeder macht mal einen Fehler. Und wie könnte man sich besser entschuldigen, als mit diesen kleinen zuckrigen Berliner-Muffins. Da kann man einfach nicht mehr böse sein.

Für 20 Stück

1 Ei (Größe M)
120 g Zucker
Mark von 1 Vanilleschote
60 g Quark (Magerstufe)
110 g Mehl
½ TL Natron
1 Msp. Backpulver
1 Msp. Salz
60 g Butter, weich, plus etwas für die Formen
50 g Konfitüre nach Wunsch

1 Den Backofen auf 180 °C Ober- und Unterhitze vorheizen. Das Ei, 70 g Zucker und Vanillemark in einer Schüssel schaumig schlagen. Quark zugeben und glatt rühren. Mehl, Natron, Backpulver und Salz mischen und unterrühren. Zum Schluss die Butter einrühren. Ein Minimuffinblech (20 Mulden) fetten und den Teig darauf verteilen. 15-18 Minuten goldbraun backen.

2 Den restlichen Zucker auf einen Teller geben und die Miniberliner sofort nach dem Backen darin wälzen. Auskühlen lassen.

3 Die Konfitüre in einen Spritzbeutel mit langer, dünner Lochtülle geben. Die Berliner mit Konfitüre füllen.

TIPP
In Papiertütchen verpackt sind die Berliner ein schönes Geschenk oder Mitbringsel.

Sorry

Quarkwaffeln mit Erdbeer-Smoothie

Überrasche deine Lieben am Sonntagmorgen mit frisch gebackenen Waffeln und einem fruchtigen Smoothie. So zauberst du selbst dem größten Langschläfer ein ansteckendes Lächeln aufs Gesicht.

Für 12–15 Stück

Für den Waffelteig
4 Eier (Größe M)
60 g Zucker
200 g Quark (Magerstufe)
400 ml Milch
Abrieb von 1 Bio-Zitrone
1 EL Zitronensaft
380 g Mehl
2 TL Backpulver
1 Msp. Salz
Mark von 1 Vanilleschote
160 g Butter, geschmolzen und abgekühlt

Für den Smoothie
300 g Erdbeeren (TK)
300 ml Kokosmilch
200 ml Kokoswasser
1 TL Ahornsirup
Saft von 1 Zitrone

Für die Dekoration
2 EL Mandeln oder Pistazien, gehackt
3–4 Erdbeeren
2 EL Ahornsirup
Puderzucker zum Bestreuen

1 Für den Waffelteig Eier und Zucker in einer Schüssel schaumig schlagen. Quark, Milch, Zitronenabrieb und -saft unterrühren. Mehl, Backpulver, Salz und Vanillemark mischen und gemeinsam mit der flüssigen Butter in den Teig rühren. 15 Minuten ruhen lassen.

2 Für den Smoothie alle Zutaten in einem Mixer pürieren. In kleine Gläser füllen.

3 Das Waffeleisen vorheizen. Die Waffeln 3–5 Minuten goldbraun ausbacken. Noch heiß nach Wunsch mit Mandeln oder Pistazien, Erdbeeren, Ahornsirup und Puderzucker dekorieren. Mit einem Smoothie im Glas servieren.

Langschläfern ein Lächeln aufs Gesicht zaubern

Amarettinimousse-Torte

Diese verführerische Torte vereint mit ihren Kaffee-, Amaretto- und Schokolade-Aromen die köstlichsten Seiten der italienischen Kaffeekultur. Für alle, deren letzter Urlaub schon viel zu lange her ist.

In Erinnerung an den Italienurlaub schwelgen

Für 12 Stücke

Für den Boden
200 g Amarettini
70 g Zartbitterschokolade
70 g Butter, geschmolzen und abgekühlt
30 ml starker Kaffee oder Espresso
2 EL Amaretto

Für die Creme
8 Blatt Gelatine
200 ml Kaffee
100 g brauner Zucker
Mark von 1 Vanilleschote
400 g Sahne
2 Eigelb (Größe M)
50 ml Amaretto
200 g Frischkäse (Doppelrahmstufe)
2 Eiweiß (Größe M)
15 g Zucker

1 Für den Boden 180 g Amarettini grob zerbröseln. 50 g Schokolade in einem kleinen Topf schmelzen. Amarettini, geschmolzene Schokolade, Butter, Kaffee und Amaretto in einer Schüssel verrühren. Den Boden einer Springform (ø 20 cm) mit Backpapier auslegen. Die Masse darauf verteilen, gut andrücken und 30 Minuten kalt stellen.

2 Für die Creme die Gelatineblätter in kaltem Wasser einweichen. Kaffee, 50 g braunen Zucker, Vanillemark und 200 g Sahne in einem Topf aufkochen. Die Eigelbe und den restlichen braunen Zucker in einer Schüssel aufschlagen und die heiße Kaffee-Sahne-Masse unterrühren. Die Masse in den Topf umfüllen und erneut bei mittlerer Temperatur erhitzen. Die Gelatine ausdrücken und unter Rühren in der heißen Masse auflösen. Amaretto unterrühren. Die Creme mit Frischhaltefolie abdecken, damit sich keine Haut bildet, und auskühlen lassen.

3 Die restliche Sahne in einer Schüssel steif schlagen. Zuerst den Frischkäse, dann die Kaffee-Masse einrühren. Eiweiß mit Zucker steif schlagen und unter die Masse heben. Die Creme auf dem Boden verteilen. Mindestens vier Stunden oder über Nacht kalt stellen.

4 Vor dem Servieren die restlichen Amarettini zerbröseln und die restliche Zartbitterschokolade raspeln. Den Kuchen damit dekorieren.

TIPP
Für eine alkohol- und koffeinfreie Variante einfach den Kaffee durch Kakao und den Amaretto durch Karamellsirup ersetzen.

Baumkuchen-Herzen

Was auch immer du deinem Herzensmenschen sagen möchtest – mit köstlich weichen Baumkuchen-Herzen sagt es sich so viel schöner!

"Ich liebe dich" sagen

Für 15 Stück

Für den Teig
100 g Marzipanrohmasse
50 ml Milch
190 g Butter, weich
170 g Zucker
1 Msp. Salz
Mark von 1 Vanilleschote
5 Eier (Größe M)
30 ml Mandellikör
150 g Mehl
150 g Speisestärke
1 TL Backpulver

Für den Guss
50 g weiße Schokolade
50 g Vollmilch- oder Zartbitterschokolade

1 Den Backofen auf 220 °C Oberhitze (Grillfunktion) vorheizen. Für den Teig die Marzipanrohmasse fein reiben. Milch in einem Topf bei mittlerer Temperatur erhitzen, Marzipan zugeben und glatt rühren. Butter, Zucker, Salz und Vanillemark in einer Schüssel verrühren. Die Eier nacheinander unterrühren. Die Marzipan-Milch-Mischung und den Mandellikör zufügen und weiterrühren, bis sich der Zucker aufgelöst hat. Mehl, Speisestärke und Backpulver sieben und unterrühren.

2 Ein Backblech (40 cm x 30 cm) oder einen Springformboden (ø 26 cm) mit Backpapier auslegen. 4-5 EL Teig darauf verteilen und 3-4 Minuten goldbraun backen. 4-5 EL Teig gleichmäßig auf der ersten Schicht Teig verteilen und 3-4 Minuten goldbraun backen. Auf diese Weise fortfahren, bis der Teig aufgebraucht ist. Nachdem die letzte Schicht gebacken ist, den Backofen auf 150 °C Ober- und Unterhitze stellen und den Kuchen nochmals etwa 8 Minuten backen, ggf. mit Alufolie abdecken. Auskühlen lassen.

3 Aus Pappe eine Herzschablone (4 cm hoch) schneiden. Mit Hilfe der Schablone mit einem Messer Herzen aus dem Boden ausschneiden.

4 Für den Guss weiße und dunkle Schokolade in zwei Töpfen schmelzen und die Herzen nach Belieben mit Schokolade überziehen. Trocknen lassen. Zum Verzieren mit einem Holzstäbchen jeweils andersfarbige Schokoladentropfen auf den Guss geben und das Stäbchen durch die Tropfen ziehen, sodass eine Herzform entsteht.

TIPP
Du kannst den Baumkuchen auch in einer Herzspringform (25 cm x 26 cm) backen.

TIPP

Die Böden lassen sich gut am Vortag vorbereiten. In Frischhaltefolie gewickelt halten sie sich ein paar Tage im Kühlschrank.

Konfetti-Torte

Ein Abschied von lieben Menschen ist immer herzergreifend, aber es kann auch ein Moment der Freude sein, wenn man an das Wiedersehen denkt. Also werft Konfetti und genießt diese Abschiedstorte.

Für 12 Stücke

Für den Boden
4 Eier (Größe M)
130 g Zucker
Mark von ½ Vanilleschote
160 g Mehl
20 g Speisestärke
1 TL Backpulver
1 Msp. Salz
etwas Fett für die Formen

Für die Creme
4 Eiweiß (Größe M)
220 g Zucker
Mark von ½ Vanilleschote
250 g Butter, zimmerwarm
1 Msp. Lebensmittel-Gelfarbe, Farbe nach Wunsch
200 g Marzipanrohmasse
3 Tropfen Bittermandelaroma

Außerdem
2 EL Zuckerkonfetti
6-8 Macarons nach Wunsch

1 Den Backofen auf 170 °C Ober- und Unterhitze vorheizen. Für den Boden die Eier in einer Schüssel schaumig schlagen, dabei Zucker und Vanillemark einrieseln lassen. Die Masse 10 Minuten sehr hell aufschlagen. Mehl, Speisestärke, Backpulver und Salz mischen, sieben und vorsichtig unter die Masse heben. Den Teig dritteln, auf drei gefettete Springformen (ø 18 cm) verteilen und 15-20 Minuten backen. Auskühlen lassen.

2 Für die Creme die Eiweiße mit Zucker und Vanillemark über dem heißen Wasserbad verquirlen, bis sich der Zucker aufgelöst hat. Abkühlen lassen. Die Eiweißmasse in einer Schüssel steif schlagen. Anschließend auf niedrigster Stufe weiterrühren und dabei die Butter esslöffelweise zugeben. Die Masse sieht zunächst etwas zerronnen aus, wird nach ausreichend Rühren aber zu einer homogenen Creme. Zum Schluss die Lebensmittelfarbe nach Wunsch einrühren.

3 Die Creme auf zwei Schüsseln verteilen. Marzipan fein reiben und mit dem Bittermandelaroma mit einer Hälfte der Creme verrühren.

4 Einen Tortenring um einen Boden legen. 3 EL Marzipancreme auf dem Boden verteilen. Den zweiten Boden aufsetzen und 3 EL Marzipancreme darauf verteilen. Nun den letzten Boden aufsetzen. 30 Minuten kalt stellen. Die andere Hälfte der Creme in einen Spritzbeutel mit Sterntülle füllen. Die Torte mit dieser Creme komplett überziehen und mit der Sterntülle verzieren. Zum Schluss mit Zucker-Konfetti und Macarons dekorieren.

Peanutbutter-Donuts

Ein köstlicher Weg, Danke zu sagen, sind die verführerisch cremigen Donuts. Verpackt in einer hübschen Box werden sie zu einem Geschenk, das von Herzen kommt.

Für 24 Stück

Für den Teig
280 ml Milch, lauwarm
60 g Zucker
7 g Trockenhefe
460 g Mehl
100 g Butter plus etwas für die Formen
1 TL Salz
2 EL Naturjoghurt (3,8 % Fett)

Für die Glasur
250 g Puderzucker
2 EL Milch
1 EL Erdnusscreme
1 Msp. Zimt
50 g Schokolade, gehackt
50 g Erdnüsse, gehackt

1 Für den Teig die Milch in einer Schüssel mit Zucker und Hefe mischen. Abgedeckt 10 Minuten ruhen lassen. In der Zwischenzeit Mehl, 50 g Butter und Salz in einer Schüssel zu einer krümeligen Masse verarbeiten. Joghurt und Hefemilch zugeben und verkneten. Den Teig mit 10 g Butter einreiben und abgedeckt an einem warmen Ort 90 Minuten gehen lassen.

2 Zwei Donutbleche (je 12 Mulden) fetten. Den Teig kurz kneten und in 24 gleich große Teile teilen. Die Teigstücke zu Kugeln formen und mit dem Zeigefinger jeweils ein Loch in die Mitte drücken. Abgedeckt nochmals 30 Minuten ruhen lassen.

3 Den Backofen auf 180 °C Ober- und Unterhitze vorheizen. Die Teiglinge auf die Donutbleche legen. Die restliche Butter schmelzen und die Oberfläche der Donuts damit bestreichen. 10-12 Minuten backen. Leicht abkühlen lassen.

4 Für die Glasur Puderzucker und Milch verrühren. Die Erdnusscreme und zum Schluss den Zimt einrühren. Die Donuts mit der Glasur überziehen und mit gehackter Schokolade und Erdnüssen bestreuen.

1000
Dank

Limetten-Cookies mit weißer Schokolade

Freunde sind immer füreinander da, auch wenn es einmal nicht so gut läuft. Backe deiner Freundin die knusprigen Limetten-Cookies als Trost und Aufmunterung.

Eine Freundin trösten

Für 20 Stück

90 g brauner Zucker
60 g Zucker
1 EL Vanillezucker
Abrieb von 2 Bio-Limetten
120 g Butter
1 Ei (Größe M)
200 g Mehl
2 TL Speisestärke
1 TL Natron
1 Msp. Salz
200 g weiße Schokolade, gehackt

1 Den Backofen auf 180 °C Umluft vorheizen. Braunen Zucker, Zucker und Vanillezucker mit dem Limettenabrieb in einer Schüssel mischen und fünf Minuten ziehen lassen. Butter zugeben und schaumig schlagen. Das Ei einrühren. Mehl, Speisestärke, Natron und Salz mischen und unterrühren, bis ein fester Teig entstanden ist. Zum Schluss die Schokolade hinzufügen.

2 Ein Backblech mit Backpapier auslegen. Mit einem Teelöffel 20 kleine Kugeln formen und auf das Blech setzen. 8-12 Minuten backen, bis der Rand der Cookies goldbraun ist. Auskühlen lassen.

TIPP
In einem luftdicht verschlossenen Behälter halten sich die Cookies einige Tage.

Australische Pavlova mit Beeren

Weltreisende sollte man gebührend verabschieden. Backe ihnen einen fruchtigen Gruß vom anderen Ende der Welt und sag beim gemeinsamen Naschen Lebewohl.

Für 10 Stücke

Für das Baiser
½ Zitrone
4 Eiweiß (Größe M)
250 g feinster Zucker
2 TL Speisestärke
1 TL Apfelessig

Für die Creme
150 ml Milch
100 ml Maracujasaft
4 Eigelb (Größe M)
30 g Speisestärke
30 g Mehl
100 g Zucker
1 EL Vanillezucker
250 g Sahne
1 Päckchen Sahnesteif

Außerdem
50 g gemischte Beeren
2 Kiwis
2–3 Maracujas

1 Den Backofen auf 130 °C Ober- und Unterhitze vorheizen. Für das Baiser eine Rührschüssel zunächst mit ½ Zitrone ausreiben. Eiweiße in der Schüssel leicht aufschlagen, dabei den Zucker bis auf 2 EL langsam einrieseln lassen. Den restlichen Zucker mit 1 TL Speisestärke mischen und zugeben. Auf höchster Stufe etwa 10 Minuten aufschlagen, bis sich der Zucker vollständig aufgelöst hat und die Masse fest ist. Zum Schluss den Essig einrühren.

2 1 TL Speisestärke auf einen Bogen Backpapier sieben. Die Eiweißmasse in einen Spritzbeutel mit Lochtülle füllen. Zunächst einen Boden (ø ca. 20 cm) auf das Backpapier spritzen und anschließend die restliche Eiweißmasse auf dem Kreisrand tupfenförmig verteilen, die Mitte auslassen. Die Masse mit einem Löffel oder einer Palette von unten nach oben streichen, sodass eine Art Krone entsteht. Die Backofentemperatur auf 110 °C reduzieren und das Baiser 70 Minuten backen. Auskühlen lassen.

3 Für die Creme 100 ml Milch und Maracujasaft in einem Topf aufkochen. 50 ml Milch, Eigelbe, Speisestärke, Mehl, Zucker und Vanillezucker verrühren und unter Rühren in die heiße Flüssigkeit geben. Die Masse weiter rühren, bis sie eindickt. Mit Frischhaltefolie bedecken, damit sich keine Haut bildet, und auskühlen lassen. Sahne mit Sahnesteif in einer Schüssel steif schlagen. Die Eigelbmasse löffelweise zugeben und weiter rühren, bis die Masse standfest ist.

4 Die Beeren waschen, die Kiwi schälen und in Scheiben schneiden. Die Maracujas halbieren und aushöhlen. Das Baiser mit der Creme füllen und das Obst daraufgeben. Sofort servieren.

... und das Abenteuer beginnt!

Haselnusstorte mit Knusperkugeln

Kann man Lieblingsmenschen zu sehr verwöhnen? Wenn, dann nur mit dieser Torte. Für besondere Anlässe und ganz besondere Menschen.

Für 10 Stücke

Für den Teig
160 g Butter plus etwas für die Formen
160 g Zucker
1 EL Vanillezucker
4 Eier (Größe M)
150 g Mehl
100 g Haselnüsse, gemahlen
1 EL Natron
20 g Kakaopulver
1 Prise Salz
1 EL Crème fraîche

Für die Creme
200 g Nussnougat zum Backen
50 g Zartbitterschokolade
400 g Sahne
2 EL Vanillezucker
1 Päckchen Sahnesteif
200 g Mascarpone
100 g Haselnuss-Knusperkugeln

Außerdem
50 g Haselnüsse, gemahlen
1 EL brauner Zucker
10 Haselnuss-Knusperkugeln

1 Den Backofen auf 170 °C Ober- und Unterhitze vorheizen. Für den Teig Butter, Zucker und Vanillezucker in einer Schüssel aufschlagen, die Eier nach und nach unterrühren. Mehl, Haselnüsse, Natron, Kakao und Salz mischen, mit der Crème fraîche hinzufügen und alles zu einem homogenen Teig verrühren. Zwei Springformen (ø 20 cm) fetten. Den Teig auf die Formen verteilen und in der Mitte jeweils eine kleine Mulde formen. 30 Minuten backen. Auskühlen lassen.

2 Für die Creme Nussnougat und Schokolade mit 100 g Sahne in einem Topf bei niedriger Temperatur schmelzen. In eine Schüssel füllen, den Deckel auflegen und auskühlen lassen.

3 Die restliche Sahne mit Vanillezucker und Sahnesteif in einer Schüssel steif schlagen. Mascarpone einrühren. Zum Schluss die abgekühlte Nussnougatmasse löffelweise unterrühren. Die Masse steif aufschlagen. Die Creme halbieren und auf zwei Schüsseln verteilen. Die Haselnusskugeln fein zerbröseln und mit der einen Hälfte mischen. Die andere Hälfte der Creme in einen Spritzbeutel mit Sterntülle füllen und kalt stellen.

4 Die Tortenböden jeweils horizontal halbieren. Einen Tortenring um den unteren Boden legen. 3-4 EL Haselnusscreme auf dem Boden verteilen. Die übrigen Böden nacheinander darauflegen und ebenfalls mit Creme bestreichen. 30 Minuten kalt stellen. Den Tortenring entfernen und die Torte mit der anderen Hälfte der Nougatcreme überziehen und verzieren.

5 Gemahlene Haselnüsse und Zucker mischen und den Tortenrand damit dekorieren. Die Haselnusskugeln auf die Torte setzen. Bis zum Servieren kalt stellen.

Deinen Lieblings-
menschen verwöhnen

Für uns

Wir machen uns gegenseitig glücklich und geben uns Anlass für jene besonderen Momente, die uns aus Fotoalben entgegenstrahlen und uns in der Erinnerung immer wieder ein Lächeln auf die Lippen zaubern. Bring deine Lieben zum Lächeln! Mit den Rezepten in diesem Kapitel machst du allen eine große Freude.

Windbeutel mit Sahnelikörcreme

Der Icebreaker für einen Abend mit alten Schulfreunden: Windbeutel mit dem gewissen Etwas. Während euch die Sahnelikörcreme im Munde zergeht, schwelgt ihr in herrlichen Erinnerungen an gemeinsame Zeiten.

Gute Laune an einem Abend mit Freunden

Für 6 Stück

Für den Teig
200 ml Wasser
1 Msp. Salz
110 g Butter
150 g Mehl
4 Eier (Größe M)

Für die Creme
250 ml Milch
200 ml Irish-Cream-Sahnelikör
4 Eigelb (Größe M)
150 g Zucker
40 g Speisestärke
30 g Mehl
Mark von 1 Vanilleschote
350 g Sahne
2 Päckchen Sahnesteif
50 g Puderzucker

Außerdem
1 EL Puderzucker

1 Den Backofen auf 200 °C Ober- und Unterhitze vorheizen. Für den Teig Wasser, Salz und Butter in einem Topf bei mittlerer Temperatur erhitzen, bis die Butter geschmolzen ist. Den Topf vom Herd nehmen und das Mehl einrühren, sodass ein seidiges Teigbällchen entsteht. Den Topf auf den Herd stellen und den Teig unter Rühren bei hoher Temperatur erhitzen. Sobald der Teig leicht am Topfboden haftet, den Topf vom Herd nehmen.

2 Die Eier in einer Schüssel schaumig schlagen. Ein Drittel mit dem Teig verrühren, dann nach und nach den Rest unterrühren. Sobald die Masse zähflüssig ist, kein Ei mehr hinzugeben. Den Teig in einen Spritzbeutel mit Loch- oder Sterntülle füllen. Ein Backblech mit Backpapier auslegen. Sechs Windbeutel mit etwas Abstand zueinander aufspritzen. 15 Minuten backen, dann die Temperatur auf 180 °C reduzieren und weitere zehn Minuten backen. Die Windbeutel mit einem Holzstäbchen einstechen, sodass die Luft entweichen kann. Im Backofen auskühlen lassen.

3 Für die Creme 200 ml Milch mit dem Sahnelikör in einem Topf aufkochen. Eigelbe, 50 ml Milch und Zucker in einer Schüssel schaumig schlagen und Speisestärke, Mehl und Vanillemark unterrühren. In die Sahnelikör-Mischung einrühren. Die Creme unter Rühren erhitzen, bis sie eindickt. Auskühlen lassen.

4 Sahne mit Puderzucker und Sahnesteif steif schlagen. Die Sahnelikör-Creme unter die Sahne heben. Die Masse in einen Spritzbeutel mit Sterntülle füllen. Die Windbeutel horizontal halbieren und mit Creme füllen. Bis zum Servieren kalt stellen. Vor dem Servieren mit Puderzucker bestreuen.

Whoop
Whoop Whoop
Whoop

Rhabarber-Baiser-Schnitten

Frühlingsduft liegt in der Luft. Gib dem Rhabarberkuchen einen bunten Frühlingsstrauß als Begleiter auf die Kuchentafel und empfange den Lenz mit offenen Armen.

Für 20 Stücke

Für den Boden
330 g Mehl
140 g Butter
Abrieb von 1 Bio-Zitrone
100 g Zucker
1 TL Backpulver
2 Eier (Größe M)

Für die Füllung
700 g Rhabarber
500 g Quark
100 g Zucker
1 EL Vanillezucker
2 Eier (Größe M)
3 Eigelb (Größe M)
60 g Speisestärke
100 g Crème fraîche

Für das Baiser
3 Eiweiß (Größe M)
170 g feinster Zucker
1 Msp. Salz
1 TL Speisestärke

1 Den Backofen auf 170 °C Ober- und Unterhitze vorheizen. Für den Boden alle Zutaten in einer Schüssel verrühren. Auf ein mit Backpapier ausgelegtes Backblech (20 cm x 40 cm) geben, etwas andrücken und kalt stellen.

2 Für die Füllung den Rhabarber schälen und in Stücke schneiden. Quark, Zucker, Vanillezucker, Eier, Eigelb, Speisestärke und Crème fraîche in einer Schüssel verrühren. Die Quarkmasse auf dem Boden verteilen. Den Rhabarber darauf geben. 45–50 Minuten backen.

3 In der Zwischenzeit für das Baiser die Eiweiße in einer Schüssel leicht aufschlagen, dabei Zucker, Salz und Speisestärke einrieseln lassen.

4 Das Baiser auf dem Kuchen verteilen. Die Backofentemperatur auf 150 °C reduzieren und den Kuchen 20 Minuten backen.

Frühlings-
gefühl

Zitronen-Biskuitrolle mit Kokosraspeln

Wenn die ganze Bande zu Besuch kommt, muss eine luftige Biskuitrolle auf der Kaffeetafel stehen. Es ist genug für alle da! Geteilte Freude ist doppelte Freude.

Freude mit Freunden teilen

1 Den Backofen auf 160 °C Ober- und Unterhitze vorheizen. Für den Teig die Eier mit dem Zucker sehr hell aufschlagen. Zitronensaft und -abrieb sowie Joghurt unterrühren. Mehl, Backpulver und Salz sieben und unter die Eimasse heben. Ein Backblech (20 cm x 40 cm) mit Backpapier auslegen. Den Teig auf das Backpapier geben und 10–12 Minuten backen.

2 Ein Küchenhandtuch auf der Arbeitsfläche ausbreiten und mit Kokosraspel und Puderzucker bestreuen. Den heißen Biskuitboden auf das Küchentuch stürzen. Das Backpapier mit etwas Wasser befeuchten und ablösen. Das Biskuit mit dem Tuch von der kurzen Seite aus straff einrollen. Auskühlen lassen.

3 Für die Creme die Gelatine in kaltem Wasser einweichen. Kokosmilch, Zucker, Schokolade und Zitronenabrieb in einem Topf bei mittlerer Temperatur erhitzen. Die Gelatine ausdrücken und einrühren. Auskühlen lassen. Sahne mit Sahnesteif in einer Schüssel steif schlagen. Die Kokosmasse langsam einrühren. 30 Minuten kalt stellen und anschließend noch einmal durchrühren.

4 Das Biskuit auseinanderrollen und die Creme mit 2 cm Abstand zum Rand darauf verteilen. Das Biskuit an der kurzen Seite beginnend einrollen. Die Biskuitrolle mindestens zwei Stunden kalt stellen. Vor dem Servieren mit Puderzucker und Kokosraspeln bestreuen.

Für 12 Stücke

Für den Teig
3 Eier (Größe M)
150 g Zucker
Saft (ca. 50 ml) und
  Abrieb von 1 Bio-Zitrone
2 EL Naturjoghurt (3,8 % Fett)
120 g Mehl
1 TL Backpulver
1 Msp. Salz
20 g Kokosraspel
10 g Puderzucker

Für die Creme
300 ml Kokosmilch
60 g Zucker
50 g weiße Schokolade
Abrieb von 2 Bio-Zitronen
6 Blatt Gelatine
200 g Sahne
1 Päckchen Sahnesteif

Außerdem
1 EL Puderzucker
1 EL Kokosraspel

Spritzige Hugo-Torte

Wenn die Mädels zu Gast sind, lasst ihr die Korken knallen! Die Hugo-Torte versüßt den Abend und macht auch zu einem Glas Prosecco eine richtig gute Figur.

Für den Mädelsabend

Für 12 Stücke

Für den Teig
230 g Butter, weich, plus etwas für die Formen
300 g Zucker
2 EL Vanillezucker
Abrieb von 4 Bio-Limetten
5 Eier (Größe M)
160 g Naturjoghurt (3,8 % Fett)
150 ml Prosecco
450 g Mehl
1 TL Natron
¼ TL Backpulver
1 TL Salz
50 ml Holunderblütensirup

Für die Creme
180 g Butter, weich
400 g Puderzucker
Saft und Abrieb von 2 Bio-Limetten
400 g Frischkäse (Doppelrahmstufe)
Lebensmittelfarbe in Gelb und Grün

Außerdem
5 Minzblätter
1 Limette, in Scheiben geschnitten

1 Den Backofen auf 160 °C Ober- und Unterhitze vorheizen. Für den Teig Butter, Zucker, Vanillezucker und Limettenabrieb in einer Schüssel verrühren. Die Eier einzeln unterrühren. Joghurt und Prosecco einrühren. Mehl, Natron, Backpulver und Salz sieben und unter die Masse heben. Drei Springformen (ø 20 cm) fetten. Den Teig auf die Formen verteilen und 25–30 Minuten backen. Mit einem Holzstäbchen Löcher in die noch heißen Böden stechen und die Böden mit dem Holunderblütensirup tränken. Auskühlen lassen.

2 Für die Creme die Butter hell aufschlagen. Mit Puderzucker schaumig rühren. Limettensaft und Abrieb von einer Limette unterrühren. Den Frischkäse unterheben. 8 EL der Masse kalt stellen. Ein Drittel der restlichen Creme mit grüner, ein zweites Drittel mit gelber Lebensmittelfarbe einfärben. Die drei Cremes jeweils in einen Spritzbeutel füllen und kalt stellen.

3 Einen Tortenring um den unteren Boden legen. Mit 4 EL der beiseite gestellten Creme bestreichen. Den zweiten Boden auflegen und mit der restlichen Creme bestreichen. Den dritten Boden auflegen. 30 Minuten kalt stellen.

4 Den Tortenring entfernen. Am unteren Rand der Torte grüne Creme auftragen, in der Mitte gelbe Creme und am oberen Rand sowie auf der Oberfläche ungefärbte Creme. Die Creme mit einer Palette glatt streichen, sodass ein Farbverlauf („Ombré-Effekt") entsteht. Mit dem restlichen Limettenabrieb, Minzblättern und Limettenscheiben dekorieren.

Hello
Sunshine

NO-BAKE Maracujakuchen

Hol dir die Sonne auf den Tisch mit einem Kuchen in Maracuja-Gelb. Komm herein, liebe Sonne, und zaubere uns dein warmes Lächeln ins Gesicht.

Die Sonne auf den Kuchenteller holen

Für 12 Stücke

Für die Sauce
3 Maracujas
250 ml Maracujasaft
30 g Zucker
3 Blatt Gelatine

Für den Boden
200 g Butterkekse
80 g weiche Butter plus etwas für die Form
40 g brauner Zucker

Für die Creme
6 Blatt Gelatine
100 ml Maracujasaft
80 g Zucker
150 ml Buttermilch
100 g Sahne
200 g Frischkäse (Doppelrahmstufe)

Außerdem
100 g Sahne
1 EL Puderzucker

1 Am Vortag für die Sauce die Maracujas halbieren und das Fruchtfleisch herauslösen. Die Gelatine in kaltem Wasser einweichen. Maracujasaft, Zucker und Maracujafruchtfleisch in einem Topf aufkochen. Die Gelatine ausdrücken und einrühren. 5 EL Maracujasauce abgedeckt kalt stellen. Den Boden einer Springform (ø 18 cm) mit Frischhaltefolie auslegen und die restliche Maracuja-Sauce auf die Folie gießen. Über Nacht in den Gefrierschrank stellen.

2 Am Zubereitungstag für den Boden die Kekse fein zerkleinern, Butter und Zucker zugeben und gut verrühren. Eine Springform (ø 18 cm) fetten, die Keksmasse in die Form geben und mit einem Löffel am Boden andrücken. 30 Minuten kalt stellen

3 Für die Creme Gelatine in kaltem Wasser einweichen. Maracujasaft und Zucker in einem Topf aufkochen. Gelatine ausdrücken und einrühren. Zum Schluss die Buttermilch unterrühren. Abkühlen lassen. Die Sahne in einer Schüssel steif schlagen. Den Frischkäse unterrühren. Zum Schluss die Maracujamasse unterheben.

4 Den Boden in eine Springform (ø 20 cm) legen. Die gefrorene Maracuja-Sauce darauf legen. Darauf die Creme verteilen. Den Kuchen vier Stunden kalt stellen.

5 Den Kuchen aus der Form nehmen. Die Sahne mit dem Puderzucker steif schlagen, in einen Spritzbeutel mit Sterntülle geben und Rosetten aufspritzen. Die restliche Maracuja-Sauce erwärmen und als Spiegel auf der Torte verteilen. 30 Minuten kalt stellen.

Schokokuss-Küchlein im Waffelbecher

Kinderaugen beginnen zu leuchten, wenn buntes Konfetti auf Schokoladenguss trifft. Und wenn sich im Waffelbecher dann noch herrlicher Schokoteig mit Schaumzucker verbirgt, ist das Glück perfekt!

Kinderaugen zum Strahlen bringen

Für 20 Stück

Für den Teig
50 g Butter, weich
60 g brauner Zucker
1 EL Vanillezucker
1 Ei (Größe M)
70 g Mehl
20 g Kakaopulver
1 Msp. Backpulver
1 Msp. Salz
60 ml Milch

Für das Topping
2 Eiweiß
120 g feinster Zucker
100 g Vollmilchschokolade
1 EL Pflanzenöl

Außerdem
20 Waffelbecher
1 EL Zuckerkonfetti

1 Den Backofen auf 170 °C Ober- und Unterhitze vorheizen. Butter, Zucker und Vanillezucker cremig schlagen. Das Ei unterrühren. Mehl, Kakao, Backpulver und Salz mischen und mit der Milch zufügen. Zu einem glatten Teig verarbeiten. Den Teig in einen Spritzbeutel mit Lochtülle füllen und gleichmäßig auf die Waffelbecher verteilen. Auf einem Backblech 12–15 Minuten backen. Auskühlen lassen.

2 Für das Topping Eiweiße und Zucker über dem heißen Wasserbad verquirlen, bis sich der Zucker vollständig aufgelöst hat. Die Schüssel aus dem Wasserbad nehmen und auf höchster Stufe weiß glänzend aufschlagen. Die Masse in einen Spritzbeutel mit Lochtülle geben und auf die Waffelbecher spritzen. 30 Minuten ruhen lassen.

3 Die Schokolade über dem heißen Wasserbad schmelzen, Pflanzenöl zugeben und gut verrühren. Die Küchlein mit dem Topping in die Schokolade tauchen. Abtropfen lassen und auf einen Teller stellen. Nach Wunsch mit Zuckerkonfetti bestreuen.

Zitronenmousse-Torte

Einen bleibenden Eindruck zu hinterlassen, ist nicht immer leicht, vor allem bei anspruchsvollen Gästen. Mit dieser Torte kann garantiert nichts schiefgehen.

Für anspruchsvolle Gäste

Für 16 Stücke

Für den Boden
200 g Butterkekse
110 g Butter plus etwas für die Form

Für die Creme
9 Blatt Gelatine
Saft von 4 Zitronen (ca. 120 ml)
Abrieb von 1 Bio-Zitrone
170 g Zucker
300 g Sahne
200 g Quark (Magerstufe)
500 g Naturjoghurt (3,8 % Fett)
1 Eiweiß (Größe M)
300 g gemischte Beeren

Für den Fruchtspiegel
200 g gemischte Beeren
50 ml Zitronensaft
50 g Puderzucker
1 TL Speisestärke
2 EL kaltes Wasser
50 g Brombeeren
50 g Johannisbeeren
50 g Himbeeren

1 Für den Boden die Butterkekse fein zerbröseln. Die Butter in einem Topf schmelzen und mit den Bröseln vermischen. Eine Springform (ø 26 cm) fetten. Die Masse hineingeben und fest andrücken. 30 Minuten kalt stellen.

2 Für die Creme Gelatine in kaltem Wasser einweichen. Zitronensaft, -abrieb und 150 g Zucker in einem Topf aufkochen, bis sich der Zucker aufgelöst hat. Gelatine ausdrücken und einrühren. Abkühlen lassen. Sahne in einer Schüssel steif schlagen. Quark und Joghurt und zum Schluss die Zitronenmasse einrühren. Eiweiß mit 20 g Zucker steif schlagen und unter die Creme heben. Anschließend die Beeren vorsichtig unterheben. Die Masse auf dem Boden verteilen. 4 Stunden kalt stellen.

3 Für den Fruchtspiegel die gemischten Beeren mit Zitronensaft und Zucker in einem Topf aufkochen, pürieren und durch ein Sieb streichen. Erneut aufkochen. Die Speisestärke mit kaltem Wasser glatt rühren. Zum Saft geben und unter Rühren köcheln lassen, bis die Masse eindickt. Die Sauce über die Torte gießen. Mit Brombeeren, Johannisbeeren und Himbeeren dekorieren.

Mit
Liebe
Gemacht

Mini-Milchreiskuchen

Das Geheimnis für ein rundum gelungenes Picknick im Freien? Eine gute Vorbereitung. Für kleine und große Genießer sind die Milchreistörtchen genau richtig.

Ein Picknick im Freien genießen

Für 6 Stück

Für den Boden
200 g Haferkekse
50 g Butter plus etwas für die Formen

Für die Creme
450 ml Milch
80 g Zucker
1 EL Vanillezucker
1 Msp. Zimt
120 g Milchreis
3 Blatt Gelatine
300 g Sahne

Für das Topping
100 ml Mangosaft
1 TL Speisestärke
2 EL kaltes Wasser
2 Mangos

1 Für den Boden die Haferkekse fein zerbröseln. Die Butter in einem Topf schmelzen und mit den Bröseln vermischen. Ein Blech mit Backpapier auslegen. Sechs Dessertringe (ø 10 cm) fetten und mit Backpapier auslegen. Die Keksmasse in die Dessertringe geben, andrücken und auf dem Backblech kalt stellen.

2 Milch, Zucker, Vanillezucker und Zimt in einem Topf aufkochen. Milchreis zugeben und köcheln lassen, bis der Reis weich und die Masse eingedickt ist. Gelatine in kaltem Wasser einweichen. 50 g Sahne in einem Topf aufkochen. Die Gelatine ausdrücken und einrühren. Die Masse zum Milchreis geben. Die restliche Sahne in einer Schüssel steif schlagen und unter die Milchreismasse heben. Auf die Dessertringe verteilen. Vier Stunden kalt stellen.

3 Für das Topping den Mangosaft in einem Topf aufkochen. Die Speisestärke mit kaltem Wasser glatt rühren. Zum Saft geben und unter Rühren köcheln lassen, bis die Sauce eindickt.

4 Die Küchlein vorsichtig aus den Dessertringen lösen, das Backpapier entfernen. Die Mangos schälen, entsteinen und in Spalten schneiden. Die Spalten zu Rosenblüten anordnen. Die Rosen mit Hilfe einer Palette auf die Küchlein setzen. Die Sauce über die Rosen geben.

TIPP
Für ein Picknick im Freien verwendest du statt Dessertringen verschließbare Gläschen. So kannst du die Kuchen sicher transportieren.

BELGISCHE WAFFELN mit Schlagsahne

Macht es euch sonntags auf der Couch gemütlich. Mit einem Teller belgischer Waffeln auf dem Schoß möchtet ihr garantiert nicht mehr aufstehen. Zurücklehnen und genießen!

Für einen gemütlichen Sonntag auf der Couch

Für 6 Stück

Für den Teig
20 g Frischhefe
170 ml Milch, lauwarm
1 Ei (Größe M)
70 g weiche Butter plus 1 TL zum Einreiben plus etwas für das Waffeleisen
50 g brauner Zucker
330 g Mehl
1 TL Salz
150 g Hagelzucker

Außerdem
100 g Sahne
6 EL Karamellsirup
Schokolade oder klein geschnittenes Obst nach Wunsch

1 Die Hefe und die lauwarme Milch in einer Schüssel verrühren, bis sich die Hefe aufgelöst hat. Abdecken und zehn Minuten ruhen lassen.

2 Ei, Butter und Zucker in einer zweiten Schüssel cremig aufschlagen. Mehl, Salz und Hefemilch zugeben und zu einem homogenen Teig verkneten. Den Teig mit 1 TL weicher Butter einreiben. Den Hefeteig abgedeckt in der Schüssel an einem warmen Ort 90 Minuten gehen lassen. Anschließend den Hagelzucker zugeben und nochmals kurz durchkneten.

3 Das Waffeleisen auf höchster Stufe vorheizen. Den Teig in sechs Portionen teilen und zu Kugeln formen. Das Waffeleisen leicht fetten und jeweils die Teigkugeln nacheinander hineingeben. Jeweils nur leicht zuklappen und die Waffeln 6–10 Minuten (je nach Waffeleisen) goldbraun backen.

4 Die Sahne steif schlagen. Die Waffeln mit einem Klecks Sahne und je 1 EL Sirup sowie nach Wunsch geraspelter Schokolade oder Obst servieren.

PYJAMAS
all day

schmusen
WENIGER
stressen

Kirsch-Crumble

mit Vanillesauce

Draußen stürmt es und drinnen wartet bereits dein Lieblingsmensch auf eine gemeinsame Kuschelzeit? Den Kirsch-Crumble kann man herrlich zu zweit aus einem Förmchen naschen.

Die Kuschelzeit zu zweit genießen

1 Für die Sauce 150 ml Milch in einem Topf aufkochen. Eigelb, Zucker, Vanillemark und Speisestärke in einer Schüssel glatt rühren. Die Eigelbmischung in die kochende Milch rühren. Unter Rühren köcheln lassen, bis die Masse eindickt. Zum Schluss die Sahne unterrühren und kalt stellen.

2 Den Backofen auf 180 °C Ober- und Unterhitze vorheizen. Für die Füllung die noch tiefgefrorenen Kirschen mit Zucker, Mehl und Milch mischen und auf vier Auflaufformen (ø 10 cm) verteilen.

3 Für die Streusel Butter, braunen Zucker, Vanillezucker, Zimt, Kardamom, Haferflocken und Mehl verkneten und auf die Kirschen geben. Den Crumble 20 Minuten goldbraun backen. Mit Vanillesauce servieren.

Für 4 Portionen

Für die Vanillesauce
200 ml Milch
1 Eigelb (Größe M)
80 g Zucker
Mark von 1 Vanilleschote
20 g Speisestärke
100 g Sahne

Für die Füllung
500 g Sauerkirschen (TK)
100 g brauner Zucker
2 EL Mehl
3 EL Milch

Für die Streusel
60 g Butter
30 g brauner Zucker
1 EL Vanillezucker
1 TL Zimt
1 Msp. Kardamom
40 g Haferflocken
60 g Mehl

TIPP
Anstatt Kirschen kannst du auch Erdbeeren, Blaubeeren oder klein geschnittene Äpfel verwenden.

Energy Balls

Sie sehen aus wie Kalorienbomben, sind aber die gesündere Variante. Vollgepackt mit Frucht, Nuss und Schoko-Zimt-Aromen versprechen sie energiereiche Wellness für den Gaumen.

Für Wellness und Entspannung

Für 15 Stück

300 g getrocknete Datteln, entsteint
150 g Mandeln, gemahlen
100 g Haselnüsse, gemahlen
½ TL Zimt
1 Msp. Salz
50 g Kakaopulver
1 EL Wasser

Außerdem
1 EL Kakaopulver
1 EL Himbeerpulver
1 EL Pistazien, gemahlen

1 Datteln, Mandeln, Haselnüsse, Zimt, Salz, Kakao und Wasser im Mixer zu einer homogenen Masse pürieren. Immer je 1 TL der Masse zwischen den Handflächen zu einer Kugel formen.

2 Kakao, Himbeerpulver und gemahlene Pistazien auf jeweils einen kleinen Teller geben und die Kugeln darin wälzen. Die Energy Balls auf einen Teller legen und servieren.

Better
together
EINLADUNG

EisKaffee-Törtchen

Auch Freunde fürs Leben haben oft nicht viel Zeit füreinander. Umso schöner ist es, wenn man diese Zeit mit einem Törtchen garnieren kann, das die Lebensgeister weckt.

Eine Freundschaft fürs Leben feiern

1 Für den Boden die Kekse zerbröseln und mit flüssiger Butter und Kaffee vermischen. Die Masse in eine mit Backpapier ausgelegte Springform (ø 22 cm) geben, am Rand mit einem Löffel hochziehen und andrücken. Kalt stellen.

2 Für die Füllung Milch und Kaffee in einem Topf aufkochen. Zucker, Eigelbe, Honig, Vanillezucker, Kakao und 100 g Sahne in einer Schüssel verrühren und in die heiße Milch geben. Fünf Minuten unter Rühren köcheln lassen. Mit Folie bedecken, damit sich keine Haut bildet, und abkühlen lassen. Die restliche Sahne in einer Schüssel aufschlagen und in die Ei-Kaffee-Masse rühren. Die Masse nach Herstelleranleitung in der Eismaschine verarbeiten. Das Kaffee-Eis anschließend auf dem vorbereiteten Boden verteilen.

3 Für den Sahnespiegel die Sahne mit dem Vanillezucker in einer Schüssel steif schlagen. Auf das Kaffee-Eis geben.

4 Für die Glasur alle Zutaten in einem Topf bei mittlerer Hitze erwärmen, bis die Schokolade geschmolzen ist. Gut verrühren. Die Schokoglasur tröpfchenweise auf die Sahne geben und mit einem Holzstab marmorieren. Mindestens eine Stunde ins Gefrierfach stellen. 30 Minuten vor dem Servieren aus dem Eisfach holen, aus der Form nehmen und eiskalt genießen.

Für 15 Stücke

Für den Boden
200 g Schoko-Doppelkekse mit Vanillecreme
50 g Butter, geschmolzen und abgekühlt
50 ml starker Kaffee

Für die Füllung
200 ml Milch
150 ml starker Kaffee
150 g Zucker
6 Eigelb
1 EL Honig
3 EL Vanillezucker
1 EL Kakaopulver
400 g Sahne

Für den Sahnespiegel
200 g Sahne
3 EL Vanillezucker

Für die Glasur
80 g Zartbitterschokolade
1 EL Vanillezucker
30 g Sahne
10 g Butter

Limoncello-Torte mit Balsamico-Erdbeeren

Für eine Gartenparty mit deinen Lieben

Ein Stückchen leicht beschwipste Limoncello-Torte ist der ideale Abschluss einer sommerlichen Gartenparty. Die Balsamico-Erdbeeren geben dem Ganzen eine pikante Note.

1 Für den Boden den Backofen auf 175 °C Ober- und Unterhitze vorheizen. Zwei Springformen (ø 20 cm) fetten und mehlen. Joghurt und Milch mischen, beiseitestellen. Mehl, Mandeln, Salz, Natron und Backpulver in einer Schüssel mischen. Die Butter in einer zweiten Schüssel schaumig schlagen. Zucker und Vanillezucker zufügen, die Eier nach und nach unterrühren. Nun im Wechsel die Joghurt- und die Mehlmischung einrühren. Den Teig auf zwei Springformen verteilen. 30-40 Minuten backen. Die Böden horizontal halbieren, mit einer Gabel Löcher einstechen und mit dem Limoncello beträufeln. Auskühlen lassen.

2 Für die Füllung Sahne mit Puderzucker, Sahnesteif, Vanillezucker und Zitronenabrieb steif schlagen. Quark zugeben und zu einer cremigen Masse verrühren. In einen Spritzbeutel mit Lochtülle füllen.

3 Einen Boden mit 2 EL Konfitüre bestreichen und von außen nach innen Cremetupfen aufspritzen. Den zweiten Boden auflegen, leicht andrücken und den Schritt wiederholen. Mit den restlichen Böden genauso verfahren. Die Torte zwei Stunden kalt stellen.

4 Die Erdbeeren waschen, putzen und halbieren. In einer Schüssel mit Puderzucker und Aceto Balsamico mischen und ziehen lassen. Die Erdbeeren mit Flüssigkeit auf die Torte geben. Die Torte kalt servieren.

Für 12 Stücke

Für den Boden
160 g Naturjoghurt (3,8 % Fett)
150 ml Milch
350 g Mehl plus etwas für die Formen
150 g Mandeln, gemahlen
1 TL Salz
1 TL Natron
1 TL Backpulver
200 g Butter, weich, plus etwas für die Formen
300 g Zucker
2 EL Vanillezucker
5 Eier (Größe M)
80 ml Limoncello

Für die Füllung
200 g Sahne
150 g Puderzucker
1 Päckchen Sahnesteif
1 EL Vanillezucker
Abrieb von 1 Zitrone
500 g Quark (Magerstufe)
8 EL Erdbeerkonfitüre

Für die Dekoration
300 g Erdbeeren
50 g Puderzucker
1 EL Aceto Balsamico

Mohnküchlein mit Zitronenguss

Wenn die Familie zum Kaffeeklatsch zusammenkommt, muss es Rührkuchen sein. Wie früher sitzt ihr am Tisch und vergesst beim gemeinsamen Genießen und Plaudern die Zeit.

Für den Kaffeeklatsch mit der Familie

Für 6 Küchlein

Für den Teig
70 g Butter plus etwas für die Formen
100 g Zucker
2 Eier (Größe M)
160 g Mehl
1 TL Backpulver
1 Msp. Salz
Abrieb von 2 Bio-Zitronen
200 ml Buttermilch
2 EL Backmohn

Für den Guss
2 EL Zitronensaft
100 g Puderzucker

1 Den Backofen auf 170 °C Umluft vorheizen. Für den Teig Butter und Zucker cremig schlagen. Die Eier unterrühren. Zunächst Mehl, Backpulver, Salz, Zitronenabrieb und Buttermilch, zum Schluss den Mohn einrühren. Den Teig auf sechs gefettete Formen (ø ca. 10 cm) verteilen. 15–18 Minuten backen. Auskühlen lassen.

2 Für den Guss Zitronensaft mit gesiebtem Puderzucker cremig rühren. Die Küchlein mit dem Guss beträufeln.

So schön, dass ihr alle da seid!
So schön, dass ihr alle da seid!

REGISTER

Buchempfehlungen für Sie

TOPP 8018

ISBN 978-3-7724-8018-8

TOPP 8036

ISBN 978-3-7724-8036-2

TOPP 8034

ISBN 978-3-7724-8034-8

TOPP 8013

ISBN 978-3-7724-8013-3

TOPP 8041

ISBN 978-3-7724-8041-6

TOPP 8044

ISBN 978-3-7724-8044-7

TOPP 8035

ISBN 978-3-7724-8035-5

TOPP 8004

ISBN 978-3-7724-8004-1

TOPP 8039

ISBN 978-3-7724-8039-3

TOPP 8015

ISBN 978-3-7724-8015-7

TOPP 8046

ISBN 978-3-7724-8046-1

TOPP 8043

ISBN 978-3-7724-8043-0

Weitere Ideen zum Selbermachen gesucht?

Lieblingsstücke von einfach bis einfach genial finden Sie bei TOPP! Lassen Sie sich auf unserer Verlagswebsite, per Newsletter oder in den sozialen Netzwerken von unserer Vielfalt inspirieren!

Website

Verlockend: Welcher Kreativratgeber soll es für Sie sein? Schauen Sie doch auf **www.TOPP-kreativ.de** vorbei & stöbern Sie durch die neusten Hits der Saison!

Newsletter

Bunt, fröhlich & überraschend: Das ist der TOPP-Newsletter! Melden Sie sich unter: **www.TOPP-kreativ.de/Newsletter** an & wir halten Sie regelmäßig mit Tipps & Inspirationen über Ihr Lieblingshobby auf dem Laufenden!

TOPP-Autoren

Sie wollen wissen, wer die „Macher" unserer Bücher sind? Wer Ihnen nützliche Tipps & Tricks gibt? Auf **www.TOPP-kreativ.de/Autor** warten jede Menge spannender Infos zum jeweiligen Autor auf Sie. Finden Sie heraus, welches Gesicht hinter Ihrem Lieblingsbuch steckt!

Extras zum Download in der Digitalen Bibliothek

Viele unserer Bücher enthalten digitale Extras: Tutorial-Videos, Vorlagen zum Downloaden, Printables & vieles mehr. Dieses Buch auch? Dann schauen Sie im Impressum des Buches nach. Sofern ein Freischaltcode dort abgebildet ist, geben Sie diesen unter **www.TOPP-kreativ.de/DigiBib** ein. Nach erfolgreicher Registrierung erhalten Sie Zugang zur digitalen Bibliothek & können sofort loslegen.

Facebook

Werden Sie Teil unserer Community & erhalten Sie brandaktuelle Informationen rund ums Handarbeiten auf **www.Facebook.com/Mitstrickzentrale**
Wer sich für Basteln, Bauen, Verzieren & Dekorieren interessiert, ist auf **www.Facebook.com/Bastelzentrale** genau richtig!

YouTube

Sie wollen eine ganz neue Technik ausprobieren? Sie arbeiten an einem spannenden Projekt, aber wissen nicht weiter? Unsere Tutorials, Werbetrailer, Interviews & Making Of's auf **www.YouTube.com/Frechverlag** helfen Ihnen garantiert dabei, den passenden Ratgeber von TOPP zu finden.

Pinterest

Sie sind auf der Jagd nach den neusten Trends? Sie suchen die besten Kniffe? Die schönsten DIY-Ideen? All' das & noch vieles mehr gibt es von TOPP auf **www.Pinterest.com/Frechverlag**

Instagram

Sie sind auf Instagram unterwegs? Super, TOPP auch. Folgen Sie uns! Sie finden uns auf **www.Instagram.com/Frechverlag**
Möchten Sie uns an Ihrem Lieblingsprojekt teilhaben lassen? Am besten posten Sie gleich ein Foto mit dem Hashtag **#frechverlag** & wir stellen Ihr Werk gerne unserer Community vor – yeah!

Alles in einer Hand gibt's hier:

Kreativ-Bücher finden Sie auf www.TOPP-kreativ.de

Autorin

Wenn Sarah Zahn sich nicht gerade durch die Küchen der Welt kocht oder ihre Küchenmaschine zum Glühen bringt, schreibt sie womöglich den nächsten Beitrag für ihren Blog „Das Knusperstübchen". Oder sie steht gerade in ihrem kleinen Fotozimmer und hält ihre Leckereien für ihre Leser bildlich fest. Vielleicht tüftelt sie aber auch an der nächsten Digital-Content-Idee für ihren Arbeitgeber oder sie lässt sich den Ostseewind um die Nase wehen. Eins ist gewiss: Alles was Sarah tut, macht sie mit viel Herzblut und Leidenschaft.

Dank

Diesem Buch mit Bildern und Köstlichkeiten Leben einzuhauchen, war eine so wunderschöne und großartige Erfahrung. Viele kleine Helfer haben gerackert, aufgeräumt, probiert, Ratschläge gegeben und mich immer in meinem Vorhaben bestärkt. Dafür möchte ich DANKE sagen. Danke, mein liebster Alex: Du hast mir so manche Blume gereicht, den Puderzucker gehalten oder auch einfach „nur" das Geschirr weggeräumt. Danke an Susanne und Ricarda für Eure tatkräftige Unterstützung. Danke an den frechverlag, an die Illustratorin der Dekoelemente, die Lektorin, die Herstellerin und natürlich an meine Projektmanagerin Magda. Danke, dass du mich auf dem gesamten Weg des Buches uneingeschränkt unterstützt hast. Zu guter Letzt: Danke an meine lieben Leser! Ohne euch wäre das nicht möglich. Ich wünsche mir, dass ihr euch mit dem Buch wohlfühlt, die schönsten Stunden mit euren Lieben verbringt und mit viel Freude in der Küche wirkt. Glücksmomente – ein großes Wort, dem nur ihr mit eurer Extraprise Liebe Bedeutung geben könnt.

Vorlagen-Download in der TOPP Digitalen Bibliothek online
Die Vorlagen für die Caketopper, Banderolen und anderen Dekoelemente findest du nach erfolgter Registrierung in deiner Digitalen Bibliothek: www.topp-kreativ.de/digibib
Der Freischaltcode lautet: 17328

Impressum

Rezepte und Fotos: Sarah Zahn
Coverfoto: lichtpunkt, Michael Ruder, Stuttgart
Illustrationen: Kirsten Albers (Dekoelemente), creativemarket.com: Kenna Sato Designs (alle Watercolor-Illustrationen, bis auf das Herz auf S. 93)
Produktmanagement: Magdalena Wassen
Lektorat: Christine Schlitt
Gestaltung: Tatjana Ströber
Druck und Bindung: GRASPO CZ, a.s., Tschechische Republik

1. Auflage 2018

ISBN 978-3-7724-8047-8 · Best.-Nr. 8047